AGENDA ETUDIANT 2019-2020

CE PLANIFICATEUR APPARTIENT À:

NOM:

ANNIVERSAIRE:

ADRESSE:

CODE POSTAL:

MOBILE NUMÉRO: EMAIL:

ÉCOLE: CLASSE:

MES CONTACTS

NOM	
ADRESSE	
EMAIL	
HANDY	

NOM	
ADRESSE	
EMAIL	
HANDY	

NOM	
ADRESSE	
EMAIL	
HANDY	

NOM	
ADRESSE	
EMAIL	
HANDY	

NOM	
ADRESSE	
EMAIL	
HANDY	

NOM	
ADRESSE	
EMAIL	
HANDY	

NOM	
ADRESSE	
EMAIL	
HANDY	

NOM	
ADRESSE	
EMAIL	
HANDY	

NOM		NOM	
ADRESSE		ADRESSE	
EMAIL		EMAIL	
HANDY		HANDY	

NOM		NOM	
ADRESSE		ADRESSE	
EMAIL		EMAIL	
HANDY		HANDY	

NOM		NOM	
ADRESSE		ADRESSE	
EMAIL		EMAIL	
HANDY		HANDY	

NOM		NOM	
ADRESSE		ADRESSE	
EMAIL		EMAIL	
HANDY		HANDY	

MES OBJECTIFS

★ ★ ANNIVERSAIRES ★ ★

NOM	DATE	DATE	NOM

JAN 2019

LU	MA	ME	JE	VE	SA	DI
	1	2	3	4	5	6
7	8	9	10	11	12	13
14	15	16	17	18	19	20
21	22	23	24	25	26	27
28	29	30	31			

FÉV 2019

LU	MA	ME	JE	VE	SA	DI
				1	2	3
4	5	6	7	8	9	10
11	12	13	14	15	16	17
18	19	20	21	22	23	24
25	26	27	28			

MAR 2019

LU	MA	ME	JE	VE	SA	DI
				1	2	3
4	5	6	7	8	9	10
11	12	13	14	15	16	17
18	19	20	21	22	23	24
25	26	27	28	29	30	31

AVR 2019

LU	MA	ME	JE	VE	SA	DI
1	2	3	4	5	6	7
8	9	10	11	12	13	14
15	16	17	18	19	20	21
22	23	24	25	26	27	28
29	30					

MAI 2019

LU	MA	ME	JE	VE	SA	DI
		1	2	3	4	5
6	7	8	9	10	11	12
13	14	15	16	17	18	19
20	21	22	23	24	25	26
27	28	29	30	31		

JUIN 2019

LU	MA	ME	JE	VE	SA	DI
					1	2
3	4	5	6	7	8	9
10	11	12	13	14	15	16
17	18	19	20	21	22	23
24	25	26	27	28	29	30

JUIL 2019

LU	MA	ME	JE	VE	SA	DI
1	2	3	4	5	6	7
8	9	10	11	12	13	14
15	16	17	18	19	20	21
22	23	24	25	26	27	28
29	30	31				

AOÛT 2019

LU	MA	ME	JE	VE	SA	DI
			1	2	3	4
5	6	7	8	9	10	11
12	13	14	15	16	17	18
19	20	21	22	23	24	25
26	27	28	29	30	31	

SEP 2019

LU	MA	ME	JE	VE	SA	DI
						1
2	3	4	5	6	7	8
9	10	11	12	13	14	15
16	17	18	19	20	21	22
23	24	25	26	27	28	29
30						

OCT 2019

LU	MA	ME	JE	VE	SA	DI
	1	2	3	4	5	6
7	8	9	10	11	12	13
14	15	16	17	18	19	20
21	22	23	24	25	26	27
28	29	30	31			

NOV 2019

LU	MA	ME	JE	VE	SA	DI
				1	2	3
4	5	6	7	8	9	10
11	12	13	14	15	16	17
18	19	20	21	22	23	24
25	26	27	28	29	30	

DÉC 2019

LU	MA	ME	JE	VE	SA	DI
						1
2	3	4	5	6	7	8
9	10	11	12	13	14	15
16	17	18	19	20	21	22
23	24	25	26	27	28	29
30	31					

JAN 2020

LU	MA	ME	JE	VE	SA	DI
		1	2	3	4	5
6	7	8	9	10	11	12
13	14	15	16	17	18	19
20	21	22	23	24	25	26
27	28	29	30	31		

FÉV 2020

LU	MA	ME	JE	VE	SA	DI
					1	2
3	4	5	6	7	8	9
10	11	12	13	14	15	16
17	18	19	20	21	22	23
24	25	26	27	28	29	

MAR 2020

LU	MA	ME	JE	VE	SA	DI
						1
2	3	4	5	6	7	8
9	10	11	12	13	14	15
16	17	18	19	20	21	22
23	24	25	26	27	28	29
30	31					

AVR 2020

LU	MA	ME	JE	VE	SA	DI
		1	2	3	4	5
6	7	8	9	10	11	12
13	14	15	16	17	18	19
20	21	22	23	24	25	26
27	28	29	30			

MAI 2020

LU	MA	ME	JE	VE	SA	DI
				1	2	3
4	5	6	7	8	9	10
11	12	13	14	15	16	17
18	19	20	21	22	23	24
25	26	27	28	29	30	31

JUIN 2020

LU	MA	ME	JE	VE	SA	DI
1	2	3	4	5	6	7
8	9	10	11	12	13	14
15	16	17	18	19	20	21
22	23	24	25	26	27	28
29	30					

JUIL 2020

LU	MA	ME	JE	VE	SA	DI
		1	2	3	4	5
6	7	8	9	10	11	12
13	14	15	16	17	18	19
20	21	22	23	24	25	26
27	28	29	30	31		

AOÛT 2020

LU	MA	ME	JE	VE	SA	DI
					1	2
3	4	5	6	7	8	9
10	11	12	13	14	15	16
17	18	19	20	21	22	23
24	25	26	27	28	29	30
31						

SEP 2020

LU	MA	ME	JE	VE	SA	DI
	1	2	3	4	5	6
7	8	9	10	11	12	13
14	15	16	17	18	19	20
21	22	23	24	25	26	27
28	29	30				

OCT 2020

LU	MA	ME	JE	VE	SA	DI
			1	2	3	4
5	6	7	8	9	10	11
12	13	14	15	16	17	18
19	20	21	22	23	24	25
26	27	28	29	30	31	

NOV 2020

LU	MA	ME	JE	VE	SA	DI
						1
2	3	4	5	6	7	8
9	10	11	12	13	14	15
16	17	18	19	20	21	22
23	24	25	26	27	28	29
30						

DÉC 2020

LU	MA	ME	JE	VE	SA	DI
	1	2	3	4	5	6
7	8	9	10	11	12	13
14	15	16	17	18	19	20
21	22	23	24	25	26	27
28	29	30	31			

2019

2020

FÊTES LÉGALES EN FRANCE 2019-2021

	2019	2020	2021
LE JOUR DE L'AN	01.01	01.01	01.01
PÂQUES	22.04	13.04	05.04
FÊTE DU TRAVAIL	01.05	01.05	01.05
LA VICTOIRE DE 1945	08.05	08.05	08.05
L'ASCENSION	30.05	21.05	13.05
PENTECÔTE	10.06	01.06	24.05
FÊTE NATIONALE	14.07	14.07	14.07
L'ASSOMPTION	15.08	15.08	15.08
LA TOUSSAINT	01.11	01.11	01.11
L'ARMISTICE	11.11	11.11	11.11
NOEL	25.12	25.12	25.12

FÊTES LÉGALES EN ALSACES 2019-2021

	2019	2020	2021
VENDREDI SAINT	19.04	10.04	02.04
2E JOUR DE NOEL	26.12	26.12	26.12

VACANCES SCOLAIRES 2019-2020

	ZONE A	ZONE B	ZONE C
RENTRÉE SCOLAIRE 2019	06.07.2019 - 02.09.2019		
VACANCES DE LA TOUSSAINT 2019	19.10.2019 - 04.11.2019		
VACANCES DE NOEL 2019	21.12.2019 - 06.01.2020		
VACANCES D'HIVER 2020	22.02.-09.03	15.02.-02.03	08.02.-24.02
VACANCES DE PRINTEMPS 2020	18.04.-04.05	11.04.-27.04	04.04.-20.04.
PONT DE L'ASCENSION	20.05.2020 - 25.05.2020		
GRANDES VACANCES 2020	04.07.2020 - ...		

ZONE A	Besançon, Bordeaux, Clermont-Ferrand, Dijon, Grenoble, Limoges, Lyon, Poitiers
ZONE B	Aix-Marseille, Amiens, Caen, Lille, Nancy-Metz, Nantes, Nice, Orléans-Tours, Reims, Rennes, Rouen, Strasbourg
ZONE C	Créteil, Montpellier, Paris, Toulouse, Versailles

AOÛT 2019

01	JE	
02	VE	
03	SA	
04	DI	
05	LU	32
06	MA	
07	ME	
08	JE	
09	VE	
10	SA	
11	DI	
12	LU	33
13	MA	
14	ME	
15	JE	
16	VE	
17	SA	
18	DI	
19	LU	34
20	MA	
21	ME	
22	JE	
23	VE	
24	SA	
25	DI	
26	LU	35
27	MA	
28	ME	
29	JE	
30	VE	
31	SA	

SEPTEMBRE

01	DI	
02	LU	36
03	MA	
04	ME	
05	JE	
06	VE	
07	SA	
08	DI	
09	LU	37
10	MA	
11	ME	
12	JE	
13	VE	
14	SA	
15	DI	
16	LU	38
17	MA	
18	ME	
19	JE	
20	VE	
21	SA	
22	DI	
23	LU	39
24	MA	
25	ME	
26	JE	
27	VE	
28	SA	
29	DI	
30	LU	40

	OCTOBRE				NOVEMBRE	
01	MA			01	VE	
02	ME			02	SA	
03	JE			03	DI	
04	VE			04	LU	45
05	SA			05	MA	
06	DI			06	ME	
07	LU	41		07	JE	
08	MA			08	VE	
09	ME			09	SA	
10	JE			10	DI	
11	VE			11	LU	46
12	SA			12	MA	
13	DI			13	ME	
14	LU	42		14	JE	
15	MA			15	VE	
16	ME			16	SA	
17	JE			17	DI	
18	VE			18	LU	47
19	SA			19	MA	
20	DI			20	ME	
21	LU	43		21	JE	
22	MA			22	VE	
23	ME			23	SA	
24	JE			24	DI	
25	VE			25	LU	48
26	SA			26	MA	
27	DI			27	ME	
28	LU	44		28	JE	
29	MA			29	VE	
30	ME			30	SA	
31	JE					

DÉCEMBRE

01	DI	
02	LU	49
03	MA	
04	ME	
05	JE	
06	VE	
07	SA	
08	DI	
09	LU	50
10	MA	
11	ME	
12	JE	
13	VE	
14	SA	
15	DI	
16	LU	51
17	MA	
18	ME	
19	JE	
20	VE	
21	SA	
22	DI	
23	LU	52
24	MA	
25	ME	
26	JE	
27	VE	
28	SA	
29	DI	
30	LU	01
31	MA	

JANVIER 2020

01	ME	
02	JE	
03	VE	
04	SA	
05	DI	
06	LU	02
07	MA	
08	ME	
09	JE	
10	VE	
11	SA	
12	DI	
13	LU	03
14	MA	
15	ME	
16	JE	
17	VE	
18	SA	
19	DI	
20	LU	04
21	MA	
22	ME	
23	JE	
24	VE	
25	SA	
26	DI	
27	LU	05
28	MA	
29	ME	
30	JE	
31	VE	

FÉVRIER

01	SA		
02	DI		
03	LU		06
04	MA		
05	ME		
06	JE		
07	VE		
08	SA		
09	DI		
10	LU		07
11	MA		
12	ME		
13	JE		
14	VE		
15	SA		
16	DI		
17	LU		08
18	MA		
19	ME		
20	JE		
21	VE		
22	SA		
23	DI		
24	LU		09
25	MA		
26	ME		
27	JE		
28	VE		
29	SA		

MARS

01	DI		
02	LU		10
03	MA		
04	ME		
05	JE		
06	VE		
07	SA		
08	DI		
09	LU		11
10	MA		
11	ME		
12	JE		
13	VE		
14	SA		
15	DI		
16	LU		12
17	MA		
18	ME		
19	JE		
20	VE		
21	SA		
22	DI		
23	LU		13
24	MA		
25	ME		
26	JE		
27	VE		
28	SA		
29	DI		
30	LU		14
31	MA		

AVRIL

01	ME	
02	JE	
03	VE	
04	SA	
05	DI	
06	LU	15
07	MA	
08	ME	
09	JE	
10	VE	
11	SA	
12	DI	
13	LU	16
14	MA	
15	ME	
16	JE	
17	VE	
18	SA	
19	DI	
20	LU	17
21	MA	
22	ME	
23	JE	
24	VE	
25	SA	
26	DI	
27	LU	18
28	MA	
29	ME	
30	JE	

MAI

01	VE	
02	SA	
03	DI	
04	LU	19
05	MA	
06	ME	
07	JE	
08	VE	
09	SA	
10	DI	
11	LU	20
12	MA	
13	ME	
14	JE	
15	VE	
16	SA	
17	DI	
18	LU	21
19	MA	
20	ME	
21	JE	
22	VE	
23	SA	
24	DI	
25	LU	22
26	MA	
27	ME	
28	JE	
29	VE	
30	SA	
31	DI	

JUIN			
01	LU		23
02	MA		
03	ME		
04	JE		
05	VE		
06	SA		
07	DI		
08	LU		24
09	MA		
10	ME		
11	JE		
12	VE		
13	SA		
14	DI		
15	LU		25
16	MA		
17	ME		
18	JE		
19	VE		
20	SA		
21	DI		
22	LU		26
23	MA		
24	ME		
25	JE		
26	VE		
27	SA		
28	DI		
29	LU		27
30	MA		

JUILLET			
01	ME		
02	JE		
03	VE		
04	SA		
05	DI		
06	LU		28
07	MA		
08	ME		
09	JE		
10	VE		
11	SA		
12	DI		
13	LU		29
14	MA		
15	ME		
16	JE		
17	VE		
18	SA		
19	DI		
20	LU		30
21	MA		
22	ME		
23	JE		
24	VE		
25	SA		
26	DI		
27	LU		31
28	MA		
29	ME		
30	JE		
31	VE		

AOÛT

01	SA	
02	DI	
03	LU	32
04	MA	
05	ME	
06	JE	
07	VE	
08	SA	
09	DI	
10	LU	33
11	MA	
12	ME	
13	JE	
14	VE	
15	SA	
16	DI	
17	LU	34
18	MA	
19	ME	
20	JE	
21	VE	
22	SA	
23	DI	
24	LU	35
25	MA	
26	ME	
27	JE	
28	VE	
29	SA	
30	DI	
31	LU	36

NOTES

EMPLOI DU TEMPS

ZEIT	LUNDI	MARDI	MERCREDI

JEUDI	VENDREDI	SAMEDI	DIMANCHE

EMPLOI DU TEMPS

ZEIT	LUNDI	MARDI	MERCREDI

EXAMENS

_____
_____
_____
_____
_____
_____
_____

DATES IMPORTANTES

_____
_____
_____
_____
_____
_____

AOÛT

LUNDI	MARDI	MERCREDI
29	30	31
5	6	7
12	13	14
19	20	21
26	27	28

2019

JEUDI	VENDREDI	SAMEDI	DIMANCHE
1	2	3	4
8	9	10	11
15	16	17	18
22	23	24	25
29	30	31	1

SEMAINE 31

LUNDI
29
JUILLET

☐
☐
☐
☐
☐
☐
☐

MARDI
30
JUILLET

☐
☐
☐
☐
☐
☐
☐

MERCREDI
31
JUILLET

☐
☐
☐
☐
☐
☐
☐

JEUDI
01
AOÛT

☐
☐
☐
☐
☐
☐
☐

VENDREDI

02
AOÛT

SAMEDI

03
AOÛT

DIMANCHE

04
AOÛT

LUNDI

05
AOÛT

MARDI

06
AOÛT

MERCREDI

07
AOÛT

JEUDI

08
AOÛT

VENDREDI

09

AOÛT

☐
☐
☐
☐
☐
☐
☐

SAMEDI

10

AOÛT

☐
☐
☐
☐
☐
☐
☐

DIMANCHE

11

AOÛT

☐
☐
☐
☐
☐
☐
☐

SEMAINE 33

LUNDI
12
AOÛT

MARDI
13
AOÛT

MERCREDI
14
AOÛT

JEUDI
15
AOÛT

VENDREDI

16
AOÛT

☐
☐
☐
☐
☐
☐
☐
☐

SAMEDI

17
AOÛT

☐
☐
☐
☐
☐
☐
☐
☐

DIMANCHE

18
AOÛT

☐
☐
☐
☐
☐
☐
☐
☐

SEMAINE 34

LUNDI
19
AOÛT

MARDI
20
AOÛT

MERCREDI
21
AOÛT

JEUDI
22
AOÛT

VENDREDI

23
AOÛT

☐
☐
☐
☐
☐
☐
☐
☐

SAMEDI

24
AOÛT

☐
☐
☐
☐
☐
☐
☐
☐

DIMANCHE

25
AOÛT

☐
☐
☐
☐
☐
☐
☐
☐

SEMAINE 35

LUNDI
26
AOÛT

MARDI
27
AOÛT

MERCREDI
28
AOÛT

JEUDI
29
AOÛT

VENDREDI

30
AOÛT

☐
☐
☐
☐
☐
☐
☐

SAMEDI

31
AOÛT

☐
☐
☐
☐
☐
☐
☐

DIMANCHE

01
SEPTEMBRE

☐
☐
☐
☐
☐
☐
☐

AOÛT 2019

LU	MA	ME	JE	VE	SA	DI
			1	2	3	4
5	6	7	8	9	10	11
12	13	14	15	16	17	18
19	20	21	22	23	24	25
26	27	28	29	30	31	

EXAMENS

_____
_____
_____
_____
_____
_____
_____

DATES IMPORTANTES

_____
_____
_____
_____
_____
_____

OCT 2019

LU	MA	ME	JE	VE	SA	DI
	1	2	3	4	5	6
7	8	9	10	11	12	13
14	15	16	17	18	19	20
21	22	23	24	25	26	27
28	29	30	31			

SEPTEMBRE

LUNDI	MARDI	MERCREDI
26	27	28
2	3	4
9	10	11
16	17	18
23	24	25
30	1	2

2019

JEUDI	VENDREDI	SAMEDI	DIMANCHE
29	30	31	1
5	6	7	8
12	13	14	15
19	20	21	22
26	27	28	29
3	4	5	6

SEMAINE 36

LUNDI
02
SEPTEMBRE

MARDI
03
SEPTEMBRE

MERCREDI
04
SEPTEMBRE

JEUDI
05
SEPTEMBRE

SEPTEMBRE 2019

VENDREDI

06
SEPTEMBRE

☐
☐
☐
☐
☐
☐
☐

SAMEDI

07
SEPTEMBRE

☐
☐
☐
☐
☐
☐
☐

DIMANCHE

08
SEPTEMBRE

☐
☐
☐
☐
☐
☐
☐

LUNDI
09
SEPTEMBRE

MARDI
10
SEPTEMBRE

MERCREDI
11
SEPTEMBRE

JEUDI
12
SEPTEMBRE

VENDREDI

13

SEPTEMBRE

☐
☐
☐
☐
☐
☐
☐

SAMEDI

14

SEPTEMBRE

☐
☐
☐
☐
☐
☐
☐

DIMANCHE

15

SEPTEMBRE

☐
☐
☐
☐
☐
☐
☐

SEMAINE 38

LUNDI
16
SEPTEMBRE

- [ ]
- [ ]
- [ ]
- [ ]
- [ ]
- [ ]
- [ ]

MARDI
17
SEPTEMBRE

- [ ]
- [ ]
- [ ]
- [ ]
- [ ]
- [ ]

MERCREDI
18
SEPTEMBRE

- [ ]
- [ ]
- [ ]
- [ ]
- [ ]
- [ ]

JEUDI
19
SEPTEMBRE

- [ ]
- [ ]
- [ ]
- [ ]
- [ ]
- [ ]

VENDREDI

20

SEPTEMBRE

SAMEDI

21

SEPTEMBRE

DIMANCHE

22

SEPTEMBRE

SEMAINE 39

LUNDI
23
SEPTEMBRE

☐
☐
☐
☐
☐
☐
☐
☐

MARDI
24
SEPTEMBRE

☐
☐
☐
☐
☐
☐
☐
☐

MERCREDI
25
SEPTEMBRE

☐
☐
☐
☐
☐
☐
☐
☐

JEUDI
26
SEPTEMBRE

☐
☐
☐
☐
☐
☐
☐
☐

VENDREDI

27
SEPTEMBRE

SAMEDI

28
SEPTEMBRE

DIMANCHE

29
SEPTEMBRE

SEPT 2019

LU	MA	ME	JE	VE	SA	DI
						1
2	3	4	5	6	7	8
9	10	11	12	13	14	15
16	17	18	19	20	21	22
23	24	25	26	27	28	29
30						

EXAMENS

_____
_____
_____
_____
_____
_____
_____
_____
_____

DATES IMPORTANTES

_____
_____
_____
_____
_____
_____
_____

NOV 2019

LU	MA	ME	JE	VE	SA	DI
					1	2	3
4	5	6	7	8	9	10
11	12	13	14	15	16	17
18	19	20	21	22	23	24
25	26	27	28	29	30	

LUNDI	MARDI	MERCREDI
30	1	2
7	8	9
14	15	16
21	22	23
28	29	30

JEUDI	VENDREDI	SAMEDI	DIMANCHE
3	4	5	6
10	11	12	13
17	18	19	20
24	25	26	27
31	1	2	3

SEMAINE 40

LUNDI
30
SEPTEMBRE

☐
☐
☐
☐
☐
☐
☐

MARDI
01
OCTOBRE

☐
☐
☐
☐
☐
☐
☐

MERCREDI
02
OCTOBRE

☐
☐
☐
☐
☐
☐
☐

JEUDI
03
OCTOBRE

☐
☐
☐
☐
☐
☐
☐

VENDREDI

04
OCTOBRE

SAMEDI

05
OCTOBRE

DIMANCHE

06
OCTOBRE

LUNDI
07
OCTOBRE

MARDI
08
OCTOBRE

MERCREDI
09
OCTOBRE

JEUDI
10
OCTOBRE

OCTOBRE 2019

VENDREDI

11

OCTOBRE

SAMEDI

12

OCTOBRE

DIMANCHE

13

OCTOBRE

SEMAINE 42

LUNDI
14
OCTOBRE

MARDI
15
OCTOBRE

MERCREDI
16
OCTOBRE

JEUDI
17
OCTOBRE

VENDREDI

18
OCTOBRE

☐
☐
☐
☐
☐
☐
☐

SAMEDI

19
OCTOBRE

☐
☐
☐
☐
☐
☐
☐

DIMANCHE

20
OCTOBRE

☐
☐
☐
☐
☐
☐
☐

SEMAINE 43

LUNDI
21
OCTOBRE

- [ ]
- [ ]
- [ ]
- [ ]
- [ ]
- [ ]
- [ ]

MARDI
22
OCTOBRE

- [ ]
- [ ]
- [ ]
- [ ]
- [ ]
- [ ]
- [ ]

MERCREDI
23
OCTOBRE

- [ ]
- [ ]
- [ ]
- [ ]
- [ ]
- [ ]
- [ ]

JEUDI
24
OCTOBRE

- [ ]
- [ ]
- [ ]
- [ ]
- [ ]
- [ ]
- [ ]

VENDREDI

25

OCTOBRE

☐
☐
☐
☐
☐
☐
☐

SAMEDI

26

OCTOBRE

☐
☐
☐
☐
☐
☐
☐

DIMANCHE

27

OCTOBRE

☐
☐
☐
☐
☐
☐
☐

SEMAINE 44

LUNDI
28
OCTOBRE

☐
☐
☐
☐
☐
☐
☐
☐

MARDI
29
OCTOBRE

☐
☐
☐
☐
☐
☐
☐
☐

MERCREDI
30
OCTOBRE

☐
☐
☐
☐
☐
☐
☐
☐

JEUDI
31
OCTOBRE

☐
☐
☐
☐
☐
☐
☐

VENDREDI

01
NOVEMBRE

☐
☐
☐
☐
☐
☐
☐
☐

SAMEDI

02
NOVEMBRE

☐
☐
☐
☐
☐
☐
☐
☐

DIMANCHE

03
NOVEMBRE

☐
☐
☐
☐
☐
☐
☐
☐

OCT 2019

LU MA ME JE VE SA DI

	1	2	3	4	5	6
7	8	9	10	11	12	13
14	15	16	17	18	19	20
21	22	23	24	25	26	27
28	29	30	31			

EXAMENS

_____

_____

_____

_____

_____

_____

_____

_____

DATES IMPORTANTES

_____

_____

_____

_____

_____

_____

_____

DEC 2019

LU MA ME JE VE SA DI

						1
2	3	4	5	6	7	8
9	10	11	12	13	14	15
16	17	18	19	20	21	22
23	24	25	26	27	28	29
30	31					

NOVEMBRE

LUNDI	MARDI	MERCREDI
28	29	30
4	5	6
11	12	13
18	19	20
25	26	27

2019

JEUDI	VENDREDI	SAMEDI	DIMANCHE
31	1	2	3
7	8	9	10
14	15	16	17
21	22	23	24
28	29	30	1

SEMAINE 45

LUNDI
04
NOVEMBRE

- [ ]
- [ ]
- [ ]
- [ ]
- [ ]
- [ ]
- [ ]

MARDI
05
NOVEMBRE

- [ ]
- [ ]
- [ ]
- [ ]
- [ ]
- [ ]
- [ ]

MERCREDI
06
NOVEMBRE

- [ ]
- [ ]
- [ ]
- [ ]
- [ ]
- [ ]
- [ ]

JEUDI
07
NOVEMBRE

- [ ]
- [ ]
- [ ]
- [ ]
- [ ]
- [ ]
- [ ]

VENDREDI
08
NOVEMBRE

☐
☐
☐
☐
☐
☐
☐

SAMEDI
09
NOVEMBRE

☐
☐
☐
☐
☐
☐
☐

DIMANCHE
10
NOVEMBRE

☐
☐
☐
☐
☐
☐
☐

SEMAINE 46

LUNDI
11
NOVEMBRE

MARDI
12
NOVEMBRE

MERCREDI
13
NOVEMBRE

JEUDI
14
NOVEMBRE

VENDREDI

15

NOVEMBRE

☐
☐
☐
☐
☐
☐
☐
☐

SAMEDI

16

NOVEMBRE

☐
☐
☐
☐
☐
☐
☐
☐

DIMANCHE

17

NOVEMBRE

☐
☐
☐
☐
☐
☐
☐
☐

SEMAINE 47

LUNDI
18
NOVEMBRE

MARDI
19
NOVEMBRE

MERCREDI
20
NOVEMBRE

JEUDI
21
NOVEMBRE

VENDREDI

22
NOVEMBRE

☐
☐
☐
☐
☐
☐

SAMEDI

23
NOVEMBRE

☐
☐
☐
☐
☐
☐

DIMANCHE

24
NOVEMBRE

☐
☐
☐
☐
☐
☐

SEMAINE 48

LUNDI
25
NOVEMBRE

☐
☐
☐
☐
☐
☐
☐
☐

MARDI
26
NOVEMBRE

☐
☐
☐
☐
☐
☐
☐

MERCREDI
27
NOVEMBRE

☐
☐
☐
☐
☐
☐
☐

JEUDI
28
NOVEMBRE

☐
☐
☐
☐
☐
☐

VENDREDI

29
NOVEMBRE

☐
☐
☐
☐
☐
☐
☐
☐

SAMEDI

30
NOVEMBRE

☐
☐
☐
☐
☐
☐
☐
☐

DIMANCHE

01
DÉCEMBRE

☐
☐
☐
☐
☐
☐
☐
☐

NOV 2019

LU MA ME JE VE SA DI

					1	2	3
4	5	6	7	8	9	10
11	12	13	14	15	16	17
18	19	20	21	22	23	24
25	26	27	28	29	30	

EXAMENS

_____
_____
_____
_____
_____
_____
_____
_____

DATES IMPORTANTES

_____
_____
_____
_____
_____
_____

JAN 2020

LU MA ME JE VE SA DI

				1	2	3	4	5
6	7	8	9	10	11	12
13	14	15	16	17	18	19
20	21	22	23	24	25	26
27	28	29	30	31		

DECEMBRE

LUNDI	MARDI	MERCREDI
25	26	27
2	3	4
9	10	11
16	17	18
23	24	25
30	31	1

2019

JEUDI	VENDREDI	SAMEDI	DIMANCHE
28	29	30	1
5	6	7	8
12	13	14	15
19	20	21	22
26	27	28	29
2	3	4	5

LUNDI

02

DÉCEMBRE

☐
☐
☐
☐
☐
☐
☐

MARDI

03

DÉCEMBRE

☐
☐
☐
☐
☐
☐
☐

MERCREDI

04

DÉCEMBRE

☐
☐
☐
☐
☐
☐
☐

JEUDI

05

DÉCEMBRE

☐
☐
☐
☐
☐
☐
☐

DÉCEMBRE 2019

VENDREDI
06
DÉCEMBRE

SAMEDI
07
DÉCEMBRE

DIMANCHE
08
DÉCEMBRE

SEMAINE 50

LUNDI
09
DÉCEMBRE

- [ ]
- [ ]
- [ ]
- [ ]
- [ ]
- [ ]
- [ ]

MARDI
10
DÉCEMBRE

- [ ]
- [ ]
- [ ]
- [ ]
- [ ]
- [ ]
- [ ]

MERCREDI
11
DÉCEMBRE

- [ ]
- [ ]
- [ ]
- [ ]
- [ ]
- [ ]
- [ ]

JEUDI
12
DÉCEMBRE

- [ ]
- [ ]
- [ ]
- [ ]
- [ ]
- [ ]

DÉCEMBRE 2019

VENDREDI
13
DÉCEMBRE

☐
☐
☐
☐
☐
☐
☐

SAMEDI
14
DÉCEMBRE

☐
☐
☐
☐
☐
☐
☐

DIMANCHE
15
DÉCEMBRE

☐
☐
☐
☐
☐
☐
☐

SEMAINE 51

LUNDI
16
DÉCEMBRE

MARDI
17
DÉCEMBRE

MERCREDI
18
DÉCEMBRE

JEUDI
19
DÉCEMBRE

VENDREDI

20
DÉCEMBRE

SAMEDI

21
DÉCEMBRE

DIMANCHE

22
DÉCEMBRE

SEMAINE 52

LUNDI
23
DÉCEMBRE

☐
☐
☐
☐
☐
☐
☐

MARDI
24
DÉCEMBRE

☐
☐
☐
☐
☐
☐
☐

MERCREDI
25
DÉCEMBRE

☐
☐
☐
☐
☐
☐
☐

JEUDI
26
DÉCEMBRE

☐
☐
☐
☐
☐
☐
☐

VENDREDI

27
DÉCEMBRE

☐
☐
☐
☐
☐
☐
☐

SAMEDI

28
DÉCEMBRE

☐
☐
☐
☐
☐
☐
☐

DIMANCHE

29
DÉCEMBRE

☐
☐
☐
☐
☐
☐
☐

EXAMENS

_____
_____
_____
_____
_____
_____
_____
_____
_____

DATES IMPORTANTES

_____
_____
_____
_____
_____
_____
_____

LUNDI	MARDI	MERCREDI
30	31	1
6	7	8
13	14	15
20	21	22
27	28	29

2020

JEUDI	VENDREDI	SAMEDI	DIMANCHE
2	3	4	5
9	10	11	12
16	17	18	19
23	24	25	26
30	31	1	2

SEMAINE 01

LUNDI
30
DÉCEMBRE

MARDI
31
DÉCEMBRE

MERCREDI
01
JANVIER

JEUDI
02
JANVIER

DÉCEMBRE 2019 - JANVIER 2020

VENDREDI

03
JANVIER

☐
☐
☐
☐
☐
☐
☐
☐

SAMEDI

04
JANVIER

☐
☐
☐
☐
☐
☐
☐
☐

DIMANCHE

05
JANVIER

☐
☐
☐
☐
☐
☐
☐

SEMAINE 02

LUNDI
06
JANVIER

MARDI
07
JANVIER

MERCREDI
08
JANVIER

JEUDI
9
JANVIER

VENDREDI

10

JANVIER

☐
☐
☐
☐
☐
☐
☐

- -

SAMEDI

11

JANVIER

☐
☐
☐
☐
☐
☐
☐

- -

DIMANCHE

12

JANVIER

☐
☐
☐
☐
☐
☐
☐

- -

SEMAINE 03

LUNDI
13
JANVIER

- [ ]
- [ ]
- [ ]
- [ ]
- [ ]
- [ ]
- [ ]

MARDI
14
JANVIER

- [ ]
- [ ]
- [ ]
- [ ]
- [ ]
- [ ]
- [ ]

MERCREDI
15
JANVIER

- [ ]
- [ ]
- [ ]
- [ ]
- [ ]
- [ ]
- [ ]

JEUDI
16
JANVIER

- [ ]
- [ ]
- [ ]
- [ ]
- [ ]
- [ ]
- [ ]

VENDREDI

17
JANVIER

☐
☐
☐
☐
☐
☐
☐

SAMEDI

18
JANVIER

☐
☐
☐
☐
☐
☐
☐

DIMANCHE

19
JANVIER

☐
☐
☐
☐
☐
☐
☐

SEMAINE 04

LUNDI
20
JANVIER

- ☐
- ☐
- ☐
- ☐
- ☐
- ☐
- ☐

MARDI
21
JANVIER

- ☐
- ☐
- ☐
- ☐
- ☐
- ☐
- ☐

MERCREDI
22
JANVIER

- ☐
- ☐
- ☐
- ☐
- ☐
- ☐
- ☐

JEUDI
23
JANVIER

- ☐
- ☐
- ☐
- ☐
- ☐
- ☐
- ☐

VENDREDI

24

JANVIER

SAMEDI

25

JANVIER

DIMANCHE

26

JANVIER

LUNDI
27
JANVIER

MARDI
28
JANVIER

MERCREDI
29
JANVIER

JEUDI
30
JANVIER

VENDREDI

31
JANVIER

☐
☐
☐
☐
☐
☐
☐

SAMEDI

01
FÉVRIER

☐
☐
☐
☐
☐
☐
☐

DIMANCHE

02
FÉVRIER

☐
☐
☐
☐
☐
☐
☐

JAN 2020

LU	MA	ME	JE	VE	SA	DI
		1	2	3	4	5
6	7	8	9	10	11	12
13	14	15	16	17	18	19
20	21	22	23	24	25	26
27	28	29	30	31		

EXAMENS

_____
_____
_____
_____
_____
_____
_____
_____
_____

DATES IMPORTANTES

_____
_____
_____
_____
_____
_____
_____
_____

MAR 2020

LU	MA	ME	JE	VE	SA	DI
						1
2	3	4	5	6	7	8
9	10	11	12	13	14	15
16	17	18	19	20	21	22
23	24	25	26	27	28	29
30	31					

FÉVRIER

LUNDI	MARDI	MERCREDI
26	27	28
3	4	5
10	11	12
17	18	19
24	25	26

JEUDI	VENDREDI	SAMEDI	DIMANCHE
29	30	1	2
6	7	8	9
13	14	15	16
20	21	22	23
27	28	29	1

LUNDI
03
FÉVRIER

MARDI
04
FÉVRIER

MERCREDI
05
FÉVRIER

JEUDI
06
FÉVRIER

VENDREDI

07
FÉVRIER

SAMEDI

08
FÉVRIER

DIMANCHE

09
FÉVRIER

SEMAINE 07

LUNDI
10
FÉVRIER

- [ ]
- [ ]
- [ ]
- [ ]
- [ ]
- [ ]
- [ ]

MARDI
11
FÉVRIER

- [ ]
- [ ]
- [ ]
- [ ]
- [ ]
- [ ]
- [ ]

MERCREDI
12
FÉVRIER

- [ ]
- [ ]
- [ ]
- [ ]
- [ ]
- [ ]
- [ ]

JEUDI
13
FÉVRIER

- [ ]
- [ ]
- [ ]
- [ ]
- [ ]
- [ ]
- [ ]

VENDREDI

14

FÉVRIER

SAMEDI

15

FÉVRIER

DIMANCHE

16

FÉVRIER

SEMAINE 08

LUNDI
17
FÉVRIER

☐
☐
☐
☐
☐
☐
☐
☐

MARDI
18
FÉVRIER

☐
☐
☐
☐
☐
☐
☐
☐

MERCREDI
19
FÉVRIER

☐
☐
☐
☐
☐
☐
☐
☐

JEUDI
20
FÉVRIER

☐
☐
☐
☐
☐
☐
☐
☐

VENDREDI

21

FÉVRIER

☐
☐
☐
☐
☐
☐
☐

SAMEDI

22

FÉVRIER

☐
☐
☐
☐
☐
☐
☐

DIMANCHE

23

FÉVRIER

☐
☐
☐
☐
☐
☐
☐

SEMAINE 09

LUNDI
24
FÉVRIER

MARDI
25
FÉVRIER

MERCREDI
26
FÉVRIER

JEUDI
27
FÉVRIER

FÉVRIER 2020

VENDREDI

28
FÉVRIER

☐
☐
☐
☐
☐
☐
☐

SAMEDI

29
FÉVRIER

☐
☐
☐
☐
☐
☐
☐

DIMANCHE

01
MARS

☐
☐
☐
☐
☐
☐
☐

EXAMENS

DATES IMPORTANTES

MARS

LUNDI	MARDI	MERCREDI
24	25	26
2	3	4
9	10	11
16	17	18
23	24	25
30	31	

2020

JEUDI	VENDREDI	SAMEDI	DIMANCHE
27	28	29	1
5	6	7	8
12	13	14	15
19	20	21	22
26	27	28	29

SEMAINE 10

LUNDI
02
MARS

MARDI
03
MARS

MERCREDI
04
MARS

JEUDI
05
MARS

VENDREDI
06
MARS

☐
☐
☐
☐
☐
☐
☐

SAMEDI
07
MARS

☐
☐
☐
☐
☐
☐
☐

DIMANCHE
08
MARS

☐
☐
☐
☐
☐
☐

SEMAINE 11

LUNDI
09
MARS

☐
☐
☐
☐
☐
☐
☐

MARDI
10
MARS

☐
☐
☐
☐
☐
☐
☐

MERCREDI
11
MARS

☐
☐
☐
☐
☐
☐
☐

JEUDI
12
MARS

☐
☐
☐
☐
☐
☐
☐

VENDREDI

13
MARS

- [ ]
- [ ]
- [ ]
- [ ]
- [ ]
- [ ]
- [ ]

SAMEDI

14
MARS

- [ ]
- [ ]
- [ ]
- [ ]
- [ ]
- [ ]
- [ ]

DIMANCHE

15
MARS

- [ ]
- [ ]
- [ ]
- [ ]
- [ ]
- [ ]

LUNDI

16
MARS

MARDI

17
MARS

MERCREDI

18
MARS

JEUDI

19
MARS

MARS 2020

VENDREDI
20
MARS

☐
☐
☐
☐
☐
☐
☐

SAMEDI
21
MARS

☐
☐
☐
☐
☐
☐
☐

DIMANCHE
22
MARS

☐
☐
☐
☐
☐
☐
☐

LUNDI

23

MARS

☐
☐
☐
☐
☐
☐
☐

MARDI

24

MARS

☐
☐
☐
☐
☐
☐
☐

MERCREDI

25

MARS

☐
☐
☐
☐
☐
☐
☐

JEUDI

26

MARS

☐
☐
☐
☐
☐
☐
☐

VENDREDI

27
MARS

☐
☐
☐
☐
☐
☐
☐
☐

SAMEDI

28
MARS

☐
☐
☐
☐
☐
☐
☐
☐

DIMANCHE

29
MARS

☐
☐
☐
☐
☐
☐
☐

EXAMENS

_____

_____

_____

_____

_____

_____

_____

_____

DATES IMPORTANTES

_____

_____

_____

_____

_____

_____

_____

MAI 2020
LU MA ME JE VE SA DI

					1	2	3
4	5	6	7	8	9	10
11	12	13	14	15	16	17
18	19	20	21	22	23	24
25	26	27	28	29	30	31

AVRIL

LUNDI	MARDI	MERCREDI
30	31	1
6	7	8
13	14	15
20	21	22
27	28	29

2020

JEUDI	VENDREDI	SAMEDI	DIMANCHE
2	3	4	5
9	10	11	12
16	17	18	19
23	24	25	26
30	1	2	3

SEMAINE 14

LUNDI
30
AVRIL

☐
☐
☐
☐
☐
☐
☐

MARDI
31
AVRIL

☐
☐
☐
☐
☐
☐
☐

MERCREDI
01
AVRIL

☐
☐
☐
☐
☐
☐
☐

JEUDI
02
AVRIL

☐
☐
☐
☐
☐
☐
☐

AVRIL 2020

VENDREDI
03
AVRIL

☐
☐
☐
☐
☐
☐
☐

SAMEDI
04
AVRIL

☐
☐
☐
☐
☐
☐
☐

DIMANCHE
05
AVRIL

☐
☐
☐
☐
☐
☐
☐

SEMAINE 15

LUNDI
06
AVRIL

☐
☐
☐
☐
☐
☐
☐

MARDI
07
AVRIL

☐
☐
☐
☐
☐
☐
☐

MERCREDI
08
AVRIL

☐
☐
☐
☐
☐
☐
☐

JEUDI
09
AVRIL

☐
☐
☐
☐
☐
☐

VENDREDI

10

AVRIL

☐
☐
☐
☐
☐
☐
☐

SAMEDI

11

AVRIL

☐
☐
☐
☐
☐
☐
☐

DIMANCHE

12

AVRIL

☐
☐
☐
☐
☐
☐
☐

SEMAINE 16

LUNDI
13
AVRIL

☐
☐
☐
☐
☐
☐
☐
☐

MARDI
14
AVRIL

☐
☐
☐
☐
☐
☐
☐
☐

MERCREDI
15
AVRIL

☐
☐
☐
☐
☐
☐
☐
☐

JEUDI
16
AVRIL

☐
☐
☐
☐
☐
☐
☐

VENDREDI

17

AVRIL

☐
☐
☐
☐
☐
☐
☐

SAMEDI

18

AVRIL

☐
☐
☐
☐
☐
☐
☐

DIMANCHE

19

AVRIL

☐
☐
☐
☐
☐
☐
☐

SEMAINE 17

LUNDI
20
AVRIL

☐
☐
☐
☐
☐
☐
☐

MARDI
21
AVRIL

☐
☐
☐
☐
☐
☐

MERCREDI
22
AVRIL

☐
☐
☐
☐
☐
☐

JEUDI
23
AVRIL

☐
☐
☐
☐
☐
☐

VENDREDI

24
AVRIL

☐
☐
☐
☐
☐
☐
☐
☐

SAMEDI

25
AVRIL

☐
☐
☐
☐
☐
☐
☐

DIMANCHE

26
AVRIL

☐
☐
☐
☐
☐
☐
☐

SEMAINE 18

LUNDI
27
AVRIL

MARDI
28
AVRIL

MERCREDI
29
AVRIL

JEUDI
30
AVRIL

VENDREDI

01

MAI

☐
☐
☐
☐
☐
☐
☐
☐

SAMEDI

02

MAI

☐
☐
☐
☐
☐
☐
☐
☐

DIMANCHE

03

MAI

☐
☐
☐
☐
☐
☐
☐
☐

EXAMENS

_____
_____
_____
_____
_____
_____
_____
_____

DATES IMPORTANTES

_____
_____
_____
_____
_____
_____
_____

MAI

LUNDI	MARDI	MERCREDI
27	28	29
4	5	6
11	12	13
18	19	20
25	26	27

2020

JEUDI	VENDREDI	SAMEDI	DIMANCHE
30	1	2	3
7	8	9	10
14	15	16	17
21	22	23	24
28	29	30	31

SEMAINE 19

LUNDI
04
MAI

☐
☐
☐
☐
☐
☐
☐

MARDI
05
MAI

☐
☐
☐
☐
☐
☐
☐

MERCREDI
06
MAI

☐
☐
☐
☐
☐
☐
☐

JEUDI
07
MAI

☐
☐
☐
☐
☐
☐
☐

VENDREDI
08
MAI

☐
☐
☐
☐
☐
☐
☐

SAMEDI
09
MAI

☐
☐
☐
☐
☐
☐
☐

DIMANCHE
10
MAI

☐
☐
☐
☐
☐
☐
☐

SEMAINE 20

LUNDI
11
MAI

- [ ]
- [ ]
- [ ]
- [ ]
- [ ]
- [ ]
- [ ]

MARDI
12
MAI

- [ ]
- [ ]
- [ ]
- [ ]
- [ ]
- [ ]
- [ ]

MERCREDI
13
MAI

- [ ]
- [ ]
- [ ]
- [ ]
- [ ]
- [ ]
- [ ]

JEUDI
14
MAI

- [ ]
- [ ]
- [ ]
- [ ]
- [ ]
- [ ]
- [ ]

VENDREDI

15
MAI

☐
☐
☐
☐
☐
☐
☐

SAMEDI

16
MAI

☐
☐
☐
☐
☐
☐
☐

DIMANCHE

17
MAI

☐
☐
☐
☐
☐
☐
☐

SEMAINE 21

LUNDI
18
MAI

☐
☐
☐
☐
☐
☐
☐

MARDI
19
MAI

☐
☐
☐
☐
☐
☐
☐

MERCREDI
20
MAI

☐
☐
☐
☐
☐
☐
☐

JEUDI
21
MAI

☐
☐
☐
☐
☐
☐
☐

VENDREDI

22
MAI

☐
☐
☐
☐
☐
☐
☐
☐

SAMEDI

23
MAI

☐
☐
☐
☐
☐
☐
☐
☐

DIMANCHE

24
MAI

☐
☐
☐
☐
☐
☐
☐
☐

SEMAINE 22

LUNDI
25
MAI

- [ ]
- [ ]
- [ ]
- [ ]
- [ ]
- [ ]
- [ ]

MARDI
26
MAI

- [ ]
- [ ]
- [ ]
- [ ]
- [ ]
- [ ]
- [ ]

MERCREDI
27
MAI

- [ ]
- [ ]
- [ ]
- [ ]
- [ ]
- [ ]
- [ ]

JEUDI
28
MAI

- [ ]
- [ ]
- [ ]
- [ ]
- [ ]
- [ ]
- [ ]

VENDREDI

29

MAI

☐
☐
☐
☐
☐
☐
☐

SAMEDI

30

MAI

☐
☐
☐
☐
☐
☐
☐

DIMANCHE

31

MAI

☐
☐
☐
☐
☐
☐
☐

MAI 2020

LU MA ME JE VE SA DI

				1	2	3
4	5	6	7	8	9	10
11	12	13	14	15	16	17
18	19	20	21	22	23	24
25	26	27	28	29	30	31

EXAMENS

_____

_____

_____

_____

_____

_____

_____

DATES IMPORTANTES

_____

_____

_____

_____

_____

_____

_____

JUIL 2020

LU MA ME JE VE SA DI

					1	2
3	4	5				
6	7	8	9	10	11	12
13	14	15	16	17	18	19
20	21	22	23	24	25	26
27	28	29	30	31		

JUIN

LUNDI	MARDI	MERCREDI
1	2	3
8	9	10
15	16	17
22	23	24
29	30	1

2020

JEUDI	VENDREDI	SAMEDI	DIMANCHE
4	5	6	7
11	12	13	14
18	19	20	21
25	26	27	28
2	3	4	5

LUNDI
01
JUIN

MARDI
02
JUIN

MERCREDI
03
JUIN

JEUDI
04
JUIN

VENDREDI

05

JUIN

☐
☐
☐
☐
☐
☐
☐

SAMEDI

06

JUIN

☐
☐
☐
☐
☐
☐
☐

DIMANCHE

07

JUIN

☐
☐
☐
☐
☐
☐
☐

LUNDI
08
JUIN

MARDI
09
JUIN

MERCREDI
10
JUIN

JEUDI
11
JUIN

VENDREDI

12
JUIN

☐
☐
☐
☐
☐
☐
☐
☐

SAMEDI

13
JUIN

☐
☐
☐
☐
☐
☐
☐
☐

DIMANCHE

14
JUIN

☐
☐
☐
☐
☐
☐
☐

SEMAINE 25

LUNDI
15
JUIN

MARDI
16
JUIN

MERCREDI
17
JUIN

JEUDI
18
JUIN

VENDREDI

19
JUIN

☐
☐
☐
☐
☐
☐
☐
☐

SAMEDI

20
JUIN

☐
☐
☐
☐
☐
☐
☐
☐

DIMANCHE

21
JUIN

☐
☐
☐
☐
☐
☐
☐
☐

SEMAINE 26

LUNDI
22
JUIN

MARDI
23
JUIN

MERCREDI
24
JUIN

JEUDI
25
JUIN

VENDREDI

26

JUIN

☐
☐
☐
☐
☐
☐
☐
☐

SAMEDI

27

JUIN

☐
☐
☐
☐
☐
☐
☐

DIMANCHE

28

JUIN

☐
☐
☐
☐
☐
☐
☐

SEMAINE 27

LUNDI
29
JUIN

MARDI
30
JUIN

MERCREDI
01
JUILLET

JEUDI
02
JUILLET

VENDREDI

03
JUILLET

☐
☐
☐
☐
☐
☐
☐

SAMEDI

04
JUILLET

☐
☐
☐
☐
☐
☐
☐

DIMANCHE

05
JUILLET

☐
☐
☐
☐
☐
☐
☐

EXAMENS

_____
_____
_____
_____
_____
_____
_____
_____
_____

DATES IMPORTANTES

_____
_____
_____
_____
_____
_____
_____
_____

JUILLET

LUNDI	MARDI	MERCREDI
29	30	1
6	7	8
13	14	15
20	21	22
27	28	29

2020

JEUDI	VENDREDI	SAMEDI	DIMANCHE
2	3	4	5
9	10	11	12
16	17	18	19
23	24	25	26
30	31	1	2

LUNDI

06

JUILLET

MARDI

07

JUILLET

MERCREDI

08

JUILLET

JEUDI

09

JUILLET

VENDREDI

10

JUILLET

☐
☐
☐
☐
☐
☐
☐
☐

SAMEDI

11

JUILLET

☐
☐
☐
☐
☐
☐
☐
☐

DIMANCHE

12

JUILLET

☐
☐
☐
☐
☐
☐
☐
☐

SEMAINE 29

LUNDI
13
JUILLET

☐
☐
☐
☐
☐
☐
☐

MARDI
14
JUILLET

☐
☐
☐
☐
☐
☐
☐

MERCREDI
15
JUILLET

☐
☐
☐
☐
☐
☐
☐

JEUDI
16
JUILLET

☐
☐
☐
☐
☐
☐
☐

VENDREDI

17
JUILLET

☐
☐
☐
☐
☐
☐
☐

SAMEDI

18
JUILLET

☐
☐
☐
☐
☐
☐
☐

DIMANCHE

19
JUILLET

☐
☐
☐
☐
☐
☐
☐

LUNDI
20
JUILLET

MARDI
21
JUILLET

MERCREDI
22
JUILLET

JEUDI
23
JUILLET

JUILLET 2020

VENDREDI

24
JUILLET

- [ ]
- [ ]
- [ ]
- [ ]
- [ ]
- [ ]
- [ ]
- [ ]

SAMEDI

25
JUILLET

- [ ]
- [ ]
- [ ]
- [ ]
- [ ]
- [ ]
- [ ]
- [ ]

DIMANCHE

26
JUILLET

- [ ]
- [ ]
- [ ]
- [ ]
- [ ]
- [ ]
- [ ]
- [ ]

SEMAINE 31

LUNDI
27
JUILLET

MARDI
28
JUILLET

MERCREDI
29
JUILLET

JEUDI
30
JUILLET

VENDREDI

31
AOÛT

☐
☐
☐
☐
☐
☐
☐
☐

SAMEDI

01
AOÛT

☐
☐
☐
☐
☐
☐
☐
☐

DIMANCHE

02
AOÛT

☐
☐
☐
☐
☐
☐
☐
☐

JUIL 2020

LU	MA	ME	JE	VE	SA	DI
		1	2	3	4	5
6	7	8	9	10	11	12
13	14	15	16	17	18	19
20	21	22	23	24	25	26
27	28	29	30	31		

EXAMENS

_____
_____
_____
_____
_____
_____
_____
_____
_____

DATES IMPORTANTES

_____
_____
_____
_____
_____
_____
_____
_____
_____

SEPT 2020

LU	MA	ME	JE	VE	SA	DI
	1	2	3	4	5	6
7	8	9	10	11	12	13
14	15	16	17	18	19	20
21	22	23	24	25	26	27
28	29	30				

AOÛT

LUNDI	MARDI	MERCREDI
26	27	28
3	4	5
10	11	12
17	18	19
24	25	26
31		

2020

JEUDI	VENDREDI	SAMEDI	DIMANCHE
29	31	1	2
6	7	8	9
13	14	15	16
20	21	22	23
27	28	29	30

SEMAINE 32

LUNDI
03
AOÛT

☐
☐
☐
☐
☐
☐
☐
☐

MARDI
04
AOÛT

☐
☐
☐
☐
☐
☐
☐
☐

MERCREDI
05
AOÛT

☐
☐
☐
☐
☐
☐
☐
☐

JEUDI
06
AOÛT

☐
☐
☐
☐
☐
☐
☐

VENDREDI

07
AOÛT

☐
☐
☐
☐
☐
☐
☐

SAMEDI

08
AOÛT

☐
☐
☐
☐
☐
☐
☐

DIMANCHE

09
AOÛT

☐
☐
☐
☐
☐
☐
☐

LUNDI

10
AOÛT

- [ ]
- [ ]
- [ ]
- [ ]
- [ ]
- [ ]
- [ ]

MARDI

11
AOÛT

- [ ]
- [ ]
- [ ]
- [ ]
- [ ]
- [ ]
- [ ]

MERCREDI

12
AOÛT

- [ ]
- [ ]
- [ ]
- [ ]
- [ ]
- [ ]
- [ ]

JEUDI

13
AOÛT

- [ ]
- [ ]
- [ ]
- [ ]
- [ ]
- [ ]
- [ ]

VENDREDI

14
AOÛT

☐
☐
☐
☐
☐
☐
☐
☐

SAMEDI

15
AOÛT

☐
☐
☐
☐
☐
☐
☐

DIMANCHE

16
AOÛT

☐
☐
☐
☐
☐
☐
☐

SEMAINE 34

LUNDI
17
AOÛT

MARDI
18
AOÛT

MERCREDI
19
AOÛT

JEUDI
20
AOÛT

VENDREDI

21
AOÛT

☐
☐
☐
☐
☐
☐
☐

SAMEDI

22
AOÛT

☐
☐
☐
☐
☐
☐
☐

DIMANCHE

23
AOÛT

☐
☐
☐
☐
☐
☐
☐

LUNDI
24
AOÛT

MARDI
25
AOÛT

MERCREDI
26
AOÛT

JEUDI
27
AOÛT

VENDREDI

28
AOÛT

- [ ]
- [ ]
- [ ]
- [ ]
- [ ]
- [ ]
- [ ]

SAMEDI

29
AOÛT

- [ ]
- [ ]
- [ ]
- [ ]
- [ ]
- [ ]
- [ ]

DIMANCHE

30
AOÛT

- [ ]
- [ ]
- [ ]
- [ ]
- [ ]
- [ ]
- [ ]

SEMAINE 34

LUNDI
31
AOÛT

MARDI
01
SEPTEMBRE

MERCREDI
02
SEPTEMBRE

JEUDI
03
SEPTEMBRE

AOÛT 2020

VENDREDI

04

SEPTEMBRE

☐
☐
☐
☐
☐
☐
☐
☐

SAMEDI

05

SEPTEMBRE

☐
☐
☐
☐
☐
☐
☐
☐

DIMANCHE

06

SEPTEMBRE

☐
☐
☐
☐
☐
☐
☐
☐

NOTES

JAN 2021

LU	MA	ME	JE	VE	SA	DI
				1	2	3
4	5	6	7	8	9	10
11	12	13	14	15	16	17
18	19	20	21	22	23	24

FÉV 2021

LU	MA	ME	JE	VE	SA	DI
1	2	3	4	5	6	7
8	9	10	11	12	13	14
15	16	17	18	19	20	21
22	23	24	25	26	27	28

MAR 2021

LU	MA	ME	JE	VE	SA	DI
1	2	3	4	5	6	7
8	9	10	11	12	13	14
15	16	17	18	19	20	21
22	23	24	25	26	27	28
29	30	31				

AVR 2021

LU	MA	ME	JE	VE	SA	DI
			1	2	3	4
5	6	7	8	9	10	11
12	13	14	15	16	17	18
19	20	21	22	23	24	25
26	27	28	29	30		

MAI 2021

LU	MA	ME	JE	VE	SA	DI
					1	2
3	4	5	6	7	8	9
10	11	12	13	14	15	16
17	18	19	20	21	22	23
24	25	26	27	28	29	30
31						

JUIN 2021

LU	MA	ME	JE	VE	SA	DI
	1	2	3	4	5	6
7	8	9	10	11	12	13
14	15	16	17	18	19	20
21	22	23	24	25	26	27
28	29	30				

JUIL 2021

LU	MA	ME	JE	VE	SA	DI
			1	2	3	4
5	6	7	8	9	10	11
12	13	14	15	16	17	18
19	20	21	22	23	24	25
26	27	28	29	30	31	

AOÛT 2021

LU	MA	ME	JE	VE	SA	DI
						1
2	3	4	5	6	7	8
9	10	11	12	13	14	15
16	17	18	19	20	21	22
23	24	25	26	27	28	29
30	31					

SEP 2021

LU	MA	ME	JE	VE	SA	DI
		1	2	3	4	5
6	7	8	9	10	11	12
13	14	15	16	17	18	19
20	21	22	23	24	25	26
27	28	29	30			

OCT 2021

LU	MA	ME	JE	VE	SA	DI
				1	2	3
4	5	6	7	8	9	10
11	12	13	14	15	16	17
18	19	20	21	22	23	24
25	26	27	28	29	30	31

NOV 2021

LU	MA	ME	JE	VE	SA	DI
1	2	3	4	5	6	7
8	9	10	11	12	13	14
15	16	17	18	19	20	21
22	23	24	25	26	27	28
29	30					

DÉC 2021

LU	MA	ME	JE	VE	SA	DI
		1	2	3	4	5
6	7	8	9	10	11	12
13	14	15	16	17	18	19
20	21	22	23	24	25	26
27	28	29	30	31		

2021

Impressum

Feedback:
feedback@mertens-publication.de

Edition : Books on Demand,
12/14 rond-Point des Champs-Elysées, 75008 Paris
Impression : BoD - Books on Demand, Norderstedt, Allemagne
ISBN :
9782322118014

Mertens Ventures Ltd.
Tefkrou Anthia No 2 Office 301
6045 Larnaca
Zypern
E-Mail: kontakt@mertens-publication.de